Die Autorin:

Haike Espenhain, Jahrgang 67, lebt und arbeitet als freiberufliche Künstlerin und Autorin in der Nähe von Leipzig. Sie ist verheiratet und Mutter von drei erwachsenen Kindern.

Neben der Malerei ist das Schreiben ein wichtiger Bestandteil ihrer künstlerischen Tätigkeit. Sie arbeitet gern mit und für Kinder und versucht diese schon frühzeitig für Kunst und Literatur zu interessieren.

Haike Espenhain möchte mit ihren Geschichten die Lust am Lesen wecken - und auf spielerische Art das Selbstvertrauen der kleinen und größeren Leser stärken.

Haike Espenhain

Die Geschichte vom kleinen Zebra

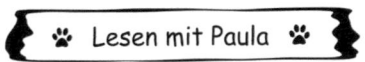
Lesen mit Paula

FSC
www.fsc.org
MIX
Papier aus ver-
antwortungsvollen
Quellen
Paper from
responsible sources
FSC® C105338

2. überarbeitete, neu illustrierte Ausgabe

Herstellung und Verlag:
BoD - Books on Demand,
Norderstedt

ISBN: 9783751990042

Haike Espenhain

Die Geschichte vom kleinen Zebra

Die Geschichte vom kleinen Zebra

In einer großen, weiten Savanne lebte eine Herde Zebras.

Die Sonne schien warm herab und ein leichter Wind strich durch das hohe Gras.

Ein Fluss in der Nähe sorgte dafür, dass die Pflanzen, Sträucher und vereinzelten Bäume genügend Wasser erhielten.

So fanden die Zebras immer reichlich Futter und an dem Fluss konnten sie und die anderen Tiere der Savanne ihren Durst stillen.

Es gab alte und junge Tiere in der Herde, kleine Zebra-Kinder und alte Zebra-Großmütter.

Die Tiere wussten, dass sie sich immer dicht beieinander halten mussten. Ein einzelnes und abseits stehendes Zebra wäre eine leichte Beute für ein hungriges Raubtier.

Die Zebras mit ihrem schwarz-weiß gestreiften Fell, die friedlich nebeneinander grasten, waren ein schöner Anblick.

In der Herde lebte auch ein kleines Zebra-Kind, das noch sehr jung war.

Eigentlich hätte es ein schönes Leben inmitten dieser großen Herde haben sollen. Aber so war es nicht. Das kleine Zebra war sehr einsam. Keines der anderen Zebra-Kinder wollte mit ihm spielen, alle hielten ein paar Schritte Abstand zu ihm.

„Mama", fragte es eines Tages seine Mutter, „warum mögen mich die anderen Kinder nicht? Ich bin doch auch ein Zebra-Kind und möchte herumtollen wie sie, aber alle drehen sich um und gehen weg, wenn ich komme. Keiner spielt mit mir. Mama, das macht mich ganz traurig."

Das kleine Zebra begann zu weinen und schmiegte sich dicht an seine Mutter.

Diese sah es liebevoll an und meinte, „ja, du bist auch ein Zebra, aber du bist doch anders, das ist nicht zu ändern. Sei nicht traurig, ich habe dich sehr lieb."

Die Mutter strich mit ihrem Maul zärtlich über seinen Hals, was bei den Zebras so etwas wie bei uns

Menschen ein Kuss ist.

Das kleine Zebra fühlte sich ein wenig getröstet. „Wenigstens meine Mama liebt mich," dachte es, auch wenn es nicht so ganz verstand, was die Mama wohl meinte.

Behutsam begann es an den sich sanft im Wind wiegenden Gräsern zu zupfen.

Viel lieber wäre es jedoch zu den anderen Zebra-Kindern gegangen, die ausgelassen durch die hohen Gräser tobten und übermütige, lustige Sprünge vollführten.

Sehnsüchtig schaute es hinüber und knabberte lustlos an den Halmen. Eigentlich hatte es jetzt gar keinen Appetit darauf, aber was sollte es sonst machen, es war langweilig so allein.

Die Tage und Wochen vergingen, das Zebra-Kind wurde größer und immer trauriger.

Wenn es zu den anderen Zebra-Kindern ging, sagten sie zu ihm: „Geh weg, wir wollen nicht mit dir spielen, du bist kein richtiges Zebra", und drehten ihm den Rücken zu.

„Mama, warum sagen die anderen, dass ich kein richtiges Zebra bin?", fragte es am Abend seine Mutter. „Ich bin doch ein Zebra, was meinen die nur?"

Die Mutter blickte zu den anderen Zebra-Kindern, die im Licht der untergehenden Sonne bei ihren Müttern standen und sagte seufzend: „Was du nur immer für Fragen stellst. Geh jetzt schlafen, wir sprechen morgen darüber."

„Ach, Mama, das hast du schon oft gesagt, versprich mir, dass du es mir morgen wirklich erklärst."

„Ja, mein Schatz, ich verspreche es dir, aber jetzt schlafe."

Die Mutter stupste es noch einmal liebevoll mit ihrem Maul an, drehte sich um und ging zu einer älteren Zebra-Tante, die in der Nähe stand.

Das kleine Zebra-Kind war aber überhaupt nicht müde. In seinem Kopf kreiste immer wieder die Frage "Warum?"

Und so hörte es, wie sich seine Mutter mit der Zebra-Tante unterhielt. Der Wind trug die Worte in seine Richtung.

„Nanu," dachte es, „die reden ja über mich", und spitzte aufmerksam seine Ohren.

„Du musst es ihm sagen," meinte gerade die Tante, „du musst ihn wegschicken. Er passt nicht in unsere Herde, er ist nun einmal kein richtiges Zebra."

„Aber er ist mein Kind und ich liebe ihn", erwiderte die Mutter traurig.

„Das verstehe ich ja, aber du musst auch an die Herde denken, an die anderen Kinder. Er ist einfach nicht gut für sie. Denke darüber nach, so kann es nicht weitergehen."

Das Zebra-Kind blinzelte unter seinen langen Wimpern hervor und sah, wie sich seine Mutter schweigend von der Tante abwandte und sich in seine Nähe stellte. Aber was war das?

Aus ihren Augen tropften ja dicke, große Tränen.
Die Mutter weinte. Das kleine Zebra war entsetzt.
Seine Mama war traurig und er war schuld daran.
Nun konnte er überhaupt nicht mehr einschlafen.
Selbst als seine Mutter schon schlief, war der kleine Zebra-Junge noch wach. Jetzt sah keiner mehr, wie traurig er war, ungehindert ließ er seinen Tränen freien Lauf.

Am nächsten Morgen tat er, als wäre nichts geschehen. Auch seine Mutter tat so, als wäre alles in bester Ordnung. Doch seine Frage vom Vortag beantwortete sie nicht, und er erinnerte sie auch nicht daran.
Als es dann Abend wurde, gähnte das Zebra-Kind laut.
„Ach, Mama, ich bin so müde," sagte es und tat, als ob es ganz schnell eingeschlafen wäre. Aber es schaute wieder heimlich und wartete, was passieren würde. Und richtig, wie der kleine Zebra-Junge es erwartet hatte, kam die alte Tante wieder zu seiner Mutter gelaufen.

Sie brachte sogar noch zwei andere Zebra-Tanten als Verstärkung mit.

„Hast du mit ihm geredet? Nein? Nun, dann werden wir es morgen machen."

„Nein," sagte seine Mutter, „das dürft ihr nicht, er ist mein Kind."

„Doch, das dürfen wir sehr wohl, es ist wichtig für die gesamte Herde. Verstehst du das denn nicht?"

Alle drei Tanten redeten auf die Mutter ein, bis diese schließlich wieder weinend davon ging.

Der Zebra-Junge war fassungslos. Warum waren die anderen Zebras so gemein zu ihm und seiner Mutter? Er konnte es nicht verstehen.

Die ganze Nacht lag er erneut schlaflos an der Seite seiner Mutter und grübelte, was nun werden sollte.

Es konnte ja nicht sein, dass seine Mutter wegen ihm jeden Abend weinte und traurig war.

Nein, schließlich war er ein großer Junge und musste seine Mutter beschützen.

Es gab nur eine Möglichkeit, er musste die Herde verlassen.

Er erschrak über den Gedanken. Wohin sollte er denn gehen? Allein?

Das Erste, was kleine Zebra-Kinder lernten, war, dass sie sich niemals alleine von der Herde entfernen dürfen. Die Gefahr, dass sie sonst von einem Löwen oder einer Hyäne gefressen würden, war zu groß. Nur die Herde bot genügend Schutz.

„Ach, und wenn schon", dachte das Zebra, „dann sollen sie mich eben fressen. So ist das auch kein schönes Leben, keiner kann mich leiden. Meine Mutter weint wegen mir und keiner sagt mir warum. Da ist es doch besser, ich gehe allein in die Savanne hinaus und werde von den Löwen gefressen."

Mit diesem Gedanken entfernte sich der Zebra-Junge leise und vorsichtig im Schutze der Dunkelheit von seiner Mutter und der Herde.

Nach einem Weilchen kam er an einem dornigen Gebüsch vorbei. Er kroch so weit er nur konnte hinein und versteckte sich für den Rest der Nacht darin.

Als es Morgen wurde, erhob er sich aus seinem unbequemen Versteck und lief weiter. Er entfernte sich immer mehr von der Herde, aber er gab Acht, dass er in der Nähe des Flusses blieb.

Er wusste, wenn er sich zu weit davon entfernte,

würde er verdursten.

Die Sonne brannte heiß auf die Savanne herab.

Der kleine Zebra-Junge lief lange Zeit, dann bekam

er großen Durst und ging zu dem Fluss.

An einer seichten Stelle neigte er den Kopf zum

Trinken. Er erschrak fürchterlich.

In dem Wasser spiegelte sich eine seltsame Gestalt.

Er schaute sich ängstlich um. Stand jemand hinter

ihm? Aber da war niemand. Er blickte noch einmal

auf das Wasser. Da war es wieder, dieses komische

Tier. Ein eigenartiges rot-weiß gestreiftes Wesen.

So etwas hatte er ja noch nie gesehen.

Er sah erneut hinter sich, nein, da war wirklich

niemand. Aber das hieße ja ...

O, weh, das war er. Er selbst. Das kleine Zebra

konnte es nicht fassen.

Er hatte rote Streifen! Kein Wunder, dass die ande-

ren Zebras ihn nicht mochten. Er sah völlig anders

aus, als sie mit ihren schwarzen Streifen.

Was machte es, dass er in seinem Herzen ganz gleich war wie sie? Die anderen sahen nur sein Äußeres, was er fühlte, interessierte sie nicht.

Ihm war fast schlecht vor Schreck. Ein rot gestreiftes Zebra hatte es wirklich noch nie gegeben.

Warum musste ausgerechnet er es sein, der diese roten Streifen trug? Das Zebra-Kind war traurig, der Durst war ihm erst einmal völlig vergangen.

Lange Zeit stand er am Wasser und sah kopfschüttelnd sein Spiegelbild an.

Wieso hatte er das nicht eher gesehen, fragte er sich.

Er überlegte angestrengt. Bisher war er nur im Schutz der ganzen Herde am Wasser gewesen.

Da herrschte immer ein großes Gedränge und das Wasser war von den vielen Zebrahufen aufgewühlt und lehmig. Kein Wunder, dass er dabei sein Spiegelbild nicht sehen konnte.

Wie musste seine Mutter sich geschämt haben, mit einem rot-weiß gestreiften Zebrakind.

Ja, nickte er vor sich hin, seine Entscheidung in die Savanne zu gehen, war die Richtige gewesen.

Ein Stück weiter am Fluss sah er einige Elefanten. Schnell versteckte er sich in einem Gebüsch, er hatte Angst vor den großen Tieren. Doch neugierig schaute er den grauen Riesen zu. Nachdem die Elefanten ihren Durst gestillt hatten, begannen sie sich im Schlamm des Ufers zu wälzen und zu suhlen.

„Na, das sind ja Ferkel", dachte das Zebra, „meine Mutter würde schön mit mir schimpfen, wenn ich mich so schmutzig machen würde, dass das ganze Fell beschmiert ist. Aber halt! Das ist die Idee!"

Aufgeregt wartete das Zebra, bis die Elefanten endlich weiter zogen. Er rannte zu der Stelle, wo sie sich im Schlamm gewälzt hatten.
Das Zebra sprang hinein und drehte und rollte sich hin und her, dass der Schlamm nur so nach allen Seiten spritzte.
Nach einer Weile stand es auf und ging an eine klare Stelle im Wasser, um hineinzusehen. Toll! Sein ganzes Fell war dunkelgrau, ja fast schwarz glänzte der nasse Schlamm auf seinem Körper. Nicht ein winziges Fleckchen Rot war noch zu sehen.

Weiß allerdings auch nicht mehr, aber das störte den kleinen Zebra-Jungen nicht.

„Jetzt kann ich wieder zu meiner Mama", dachte er, „das ist schön, ich freue mich so sehr."

Er ging den weiten Weg zurück, aber als er an der Stelle ankam, wo er die Herde verlassen hatte, blickte er sich entsetzt um. Keiner war mehr da! Wo war denn nun seine Herde, seine Mutter? Er suchte und suchte. Dabei rannte er hin und her, immer größere Kreise um die Stelle, wo die Herde gewesen war.

Plötzlich sah er eine Bewegung. Auf der anderen Seite des Flusses, in einiger Entfernung grasten Zebras. Er hatte seine Herde wiedergefunden.

„Geh niemals alleine durch den Fluss", hörte er die Mutter in seiner Erinnerung sagen, als er die ersten Schritte ins Wasser machte. Er wusste es, die Krokodile waren gefährlich, man sah sie erst, wenn es zu spät war. Aber er wollte zu seiner Herde, also musste er den Fluss durchqueren.

Immer tiefer schritt er in das Wasser, bis er fast in der Mitte angekommen war. Als er gerade laut nach seiner Mutter rufen wollte, bemerkte er, dass sich sein Fell eigenartig anfühlte.

Er schaute an sich herunter. O weh, der Schlamm hatte sich im Wasser völlig aufgelöst und man sah wieder jeden einzelnen roten und weißen Streifen.

Der Zebra-Junge drehte um und schritt langsam aus dem Wasser heraus.

Es nützte nichts, er war anders, das konnte auch der dunkelste Schlamm nicht verstecken.

„Sei nicht traurig", sagte eine leise Stimme zu ihm.

Erschrocken drehte er sich um.

Neben ihm stand eine großer, seltsam aussehender Vogel. Ein zweiter großer Vogel und mehrere kleine liefen ein Stückchen entfernt durch das Gras.

„Wer bist du? Bist du ein Vogel?", fragte das kleine Zebra und schnüffelte vernehmlich.

„Ich bin ein Strauß, und ja, wir sind Vögel."

Das Zebra musterte ihn nachdenklich.

„Ihr seid richtige Vögel? So seht ihr aber nicht aus."

Der große Vogel lachte laut auf.

„Pass auf, ich will dir etwas erklären. Ich habe dich beobachtet. Du bist traurig, weil du rote Streifen hast und dadurch ganz anders als die restlichen Zebras aussiehst. Habe ich recht?"

Der kleine Zebra-Junge nickte und erzählte dem Vogel mit dem langen Hals von seinen Problemen in der Herde und dass er schließlich weggelaufen sei.

Der Strauß bewegte seinen Kopf hin und her.

„Das hast du dir hoffentlich gut überlegt. Es ist sehr gefährlich einfach wegzulaufen. Deine Mutter wird furchtbare Angst um dich haben. Ihr hättet miteinander reden sollen, nur so kann man Probleme wirklich lösen. Und nicht alles, was anders ist, muss schlecht sein. Sieh uns Strauße an. Bei uns ist auch vieles anders als bei den meisten Vögeln. Ich bin die Mutter dieser Familie. Dort hinten ist mein Mann. Er kümmert sich um die Kinder, das ist seine Aufgabe. Er macht es gern, auch wenn er von anderen Vögeln deswegen manchmal komisch angeschaut wird. Und wir alle können niemals fliegen. Doch sieh dir unsere Beine an.

Die sind so lang und kräftig, dass wir damit sehr schnell rennen können. Keiner würde es wagen, uns deswegen zu verspotten. Mit unseren kräftigen Beinen können wir uns notfalls auch gut verteidigen.

Du siehst, alles hat seine Vorteile. Eines Tages wirst auch du erkennen, welchen Vorteil die ungewöhnliche Farbe deiner Streifen dir bringen kann. Sei nicht mehr traurig."

Sie drehte sich nach ihrer Familie um und sah, dass diese schon ein ganzes Stückchen weiter gelaufen waren.

„Oh, ich muss los. Ich wünsche dir viel Glück. Vielleicht treffen wir uns ja einmal wieder. Mach´s gut!"

Mit weit ausholenden Schritten lief sie ihrer Familie nach und hatte sie in kurzer Zeit eingeholt.

Das kleine Zebra jedoch stand am Fluss und schaute ihnen nachdenklich hinterher.

Der Zebra-Junge lebte von nun an allein in der Savanne. Schnell lernte er, wo das beste Futter war und wie er sich nachts vor den Löwen verstecken konnte.

Er versuchte den anderen Tieren aus dem Weg zu gehen und lebte einsam und allein. Abends vor dem Schlafen gehen, dachte er besonders oft an seine Mutter. Sie fehlte ihm.

Eines Tages war das kleine Zebra wieder in der Nähe des Flusses, um seinen Durst zu stillen. Aber es war unaufmerksam und in seine Gedanken vertieft. So bemerkte es nicht, dass es sich immer mehr einer Stelle näherte, wo gut im hohen Gras verborgen ein alter Löwe lag.

„Rrrrrr", machte der Löwe, „bleib stehen, ich will dich fressen."

Das Zebra-Kind erschrak furchtbar und konnte sich vor Schreck wirklich nicht mehr bewegen.

Der Löwe kam näher und riss sein großes Maul auf, um das Zebra mit einem Happs zu verschlingen. Plötzlich stutzte er.

„Was bist du denn? Du riechst wie ein Zebra, aber du siehst aus wie eine Wüstenblume? So etwas kann man doch nicht fressen! Und ich habe solchen schrecklichen Hunger. Mein Rudel hat mich ausgestoßen, weil ich alt bin und fast keine Zähne mehr habe. Ich habe mich so auf ein leckeres, zartes Zebra gefreut, und dann kommst du!"

Mit einem vorwurfsvollen Blinzeln musterte der Löwe das kleine Zebra.

Dieses setzte sich zitternd vor Schreck neben dem Löwen auf die Erde. Seine Beine fühlten sich ganz schwach an und wollten es nicht mehr tragen.

„O, nein, was für ein trauriges Leben ich habe. Nicht einmal ein Löwe mag mich fressen", begann es zu weinen.

Der Löwe war ganz erschrocken. So etwas hatte er noch nie erlebt und dabei hatte er schon sehr viel gesehen in seinem langen Leben.

Ungeschickt tätschelte er mit seinen dicken Pranken das kleine Zebra vorsichtig am Hals.

„Weine doch nicht. Erzähle mir deine Geschichte, dann geht es dir gleich viel besser."

Das kleine Zebra redete sich all seinen Kummer von der Seele. Es weinte und schluchzte dabei so sehr, dass der alte Löwe besorgt seinen Arm um den Zebra-Jungen legte und beruhigend auf ihn einbrummelte. Nach einem Weilchen wurde das Zebra-Kind ruhiger und schlief vor Erschöpfung ein.

Dabei kuschelte es sich eng an das Fell des Löwen. Dieser blickte in die weite Savanne hinaus und meinte zu sich selbst: „Es ist schon eine komische Welt. Einer wird ausgestoßen, weil er anders ist, als es erwartet wird, und ein anderer wird ausgestoßen, weil er alt und kraftlos geworden ist. Warum macht man es sich nur so schwer? Es wäre doch viel besser, sich gegenseitig zu helfen." Darüber nachdenkend schlief auch der alte Löwe ein, während sein Bauch verärgert vor Hunger knurrte und grummelte.

Ein lautes, unheimliches Knurren und Jaulen weckte die beiden Tiere. Ängstlich versteckte sich der kleine Zebra-Junge hinter dem Löwen.

Vor ihnen standen einige Hyänen und unterhielten sich.

„Sieh nur", sagte die eine, „ist das nicht der alte Löwe, der keine Zähne mehr hat? Komm her, du Tier, wir wollen dich von deinem Elend erlösen. Halt einfach still, da geht es ganz schnell."

Die anderen Hyänen kicherten und eine meinte: "Na ja, sonderlich zart ist sein Fleisch nicht mehr, aber dafür ist er so alt, dass er sich nicht mehr wehren kann. Da müssen wir uns nicht so anstrengen."

Die Hyänen knurrten böse und kamen immer näher. Dann sagte ihr Anführer: "Los, alter Löwe, steh endlich auf, wir haben Hunger. Wir wollen nicht bis morgen warten." Mit diesen Worten wollte er zum Sprung ansetzen.

Da sprang der kleine Zebra-Junge auf. Bis jetzt hatten ihn die Hyänen noch gar nicht gesehen, da er so dicht neben dem Löwen gelegen hatte.

Um so mehr erschraken sie jetzt.

In großen Sätzen sprangen sie rückwärts.

„Wa-wa-was ist das? Hilfe, ein Monster! Ein rotes Monster! Hilfe, rettet euch, rennt um euer Leben!",
riefen die Hyänen durcheinander und liefen so schnell sie konnten davon in die Weite der Savanne.

Der alte Löwe und das junge Zebra sahen sich sprachlos an. Dann begannen sie laut zu lachen und konnten gar nicht mehr aufhören, bis sie vom vielen Lachen erschöpft im Gras lagen.

Der Löwe sagte zu dem Zebra: „Ein schwarz-weißes Zebra hätte sie nicht erschreckt. Wie gut, dass du diese roten Streifen hast. Du hast mir das Leben gerettet. Ich danke dir."

Das Zebra sah an sich herunter und sagte: „Ich hätte nie gedacht, dass diese grässlichen roten Streifen einmal zu etwas gut wären. Ich bin so froh darüber. Ach, ich hatte solche Angst vor den Hyänen, die hätten uns beide gefressen."

„Da hast du wohl recht", meinte der Löwe, „aber siehst du, nicht alles, was wir als schlimm und furchtbar empfinden, ist es wirklich. Meistens kann

man daran auch noch etwas Gutes entdecken."

„Ja", antwortete ihm der Zebra-Junge, „so wie bei uns beiden. Ohne diese Streifen hätte ich dich nie kennengelernt. Das wäre doch wirklich schade gewesen."

Gerührt blickte der alte Löwe ihn an: „Was meinst du, möchtest du mein Freund sein? Das wäre sehr schön."

Das Zebra sprang in die Luft. „Hurra, ich habe einen Freund, ich habe endlich einen Freund!"

Nun verbrachten die beiden Tiere gemeinsam ihre Zeit. Der Löwe jagte sich hin und wieder etwas zum Fressen, sonst lag er in der Sonne und schaute dem Zebra beim Grasen zu.

Ihre Tage vergingen friedlich und ohne besondere Aufregung. Die Freunde unterhielten sich über alles Mögliche, während sie die Savanne durchstreiften.

Der Löwe erzählte aus seinem Leben, als er noch ein junger und starker Löwe war.

Er erzählte dem kleinen Zebra davon, dass ihn damals alle Tiere seines Rudels um Rat und Hilfe

fragten, auf ihn hörten und als Anführer achteten.

Bis eines Tages ein jüngerer Löwe kam und ihn besiegte, so dass er das Rudel verlassen musste.

Traurig meinte er: „Siehst du, wenn man erst alt und schwach ist, braucht einen keiner mehr."

Das kleine Zebra stupste ihn mitfühlend und tröstend an und meinte: „Ich brauche dich."

Da lächelte der alte Löwe wieder.

Am nächsten Tag ging der Löwe auf die Jagd, während das Zebra zum Fluss ging, um zu trinken. Als es trank, kam plötzlich eine große Herde Gazellen angelaufen. Sie drängten sich ein kleines Stück entfernt an das Wasser, um ihren Durst zu löschen.

Der Zebra-Junge tat so, als würde er sie gar nicht bemerken und trank weiter.

Als er gerade gehen wollte, kamen einige junge Gazellen zu ihm. Sie schauten ihn an und lachten.

„Habt ihr so etwas Komisches schon einmal gesehen!", fragte das größte Tier. Es war ein junger Gazellen-Bock. Die anderen Gazellen lachten immer mehr.

„Nein, so etwas Ulkiges. Bei dir haben sie wohl die Farbtöpfe vertauscht?"

„Du musst dich mal umstreichen lassen!", rief ein anderer und konnte gar nicht wieder aufhören zu lachen.

Das kleine rotgestreifte Zebra wandte sich still ab und wollte gehen, aber die Gazellen stellten sich ihm in den Weg.

„Wo willst du denn hin? Bleib hier, so ein eigenartiges Tier wie du dürfte gar nicht durch die Savanne laufen! Was sollen wir nur mit dir machen?"

Die Gazellen kamen immer näher, das Zebra bekam langsam richtige Angst vor ihnen. Es waren so viele. Der Zebra-Junge verstand nicht, warum sie so gemein zu ihm waren. Er hatte doch gar nichts getan.

Plötzlich erstarrten die Gazellen. Sie hörten schlagartig auf zu lachen und schauten entsetzt zu dem rotgestreiften Zebra.

Dann rannten sie davon zu ihrer Herde.

Mit lautem Hufgetrappel setzte sich nun auch die gesamte große Herde in Bewegung und verschwand in der Savanne.

„Na, da kam ich ja gerade rechtzeitig", ertönte eine Stimme hinter dem Zebra.

Es drehte sich um und stürzte sich mit einem Juchzen auf den alten Löwen.

„Oh, ich hatte solche Angst, die waren so gemein. Ein Glück, dass du gekommen bist. Siehst du, wie sehr ich dich brauche!"

Erleichtert rieb das Zebra kurz sein Maul am Nacken des Löwen. Der schaute ganz verlegen und brummte dann: „Dafür sind Freunde doch da."

Die Zeit verging, das Zebra wurde groß und stark, es war schon fast erwachsen. Aber immer noch dachte es häufig an seine Mutter und überlegte, wie es ihr wohl ginge und ob sie gesund sei.

Der alte Löwe und das junge Zebra streiften gemeinsam durch die Savanne, die anderen Tiere hielten Abstand zu ihnen.
Nur einmal kam eine Gruppe Löwen ganz nahe an sie heran.
„He, alter Löwe, du lebst ja noch", sagte herausfordernd der Anführer der Gruppe und stellte sich drohend vor ihn.
„Hier ist mein Revier, alter Löwe, verschwinde von hier, sonst mache ich dir Beine!"
Ehe der alte Löwe antworten konnte, sprang auch schon das rot gestreifte Zebra vor ihn hin und rief mit lauter Stimme: "Verschwinde du doch! Das ist mein Freund, lass ihn in Ruhe!"

Da erschraken sich die Löwen furchtbar vor diesem seltsamen Wesen.

„Ist ja gut, es war doch nur ein Spaß, wir gehen ja schon", redeten sie sich heraus und mit schnellen Schritten rannten die Löwen auf und davon.

Das hatte ein kleines Gnu beobachtet, welches sich in der Nähe versteckt hatte. Aufgeregt sprang es zu seinen Eltern und erzählte ihnen von dem merkwürdig rot gestreiften Tier, das aussah wie ein Zebra und vor dem sogar die starken Löwen Angst hatten.

„Du sollst nicht immer solche Lügenmärchen erzählen", sagte seine Mutter und schaute ihr Kind streng an. Doch das kleine Gnu ließ nicht locker und erklärte immer wieder, dass dies die Wahrheit sei. Da sprach sein Vater: „Das will ich mir selbst ansehen, es gibt hier keine rot gestreiften Tiere."

So führte das kleine Gnu seine Eltern zu der Stelle, an der es die beiden gesehen hatte. Und wirklich: der alte Löwe und das rotgestreifte Zebra lagen friedlich nebeneinander im Gras und dösten.

Als die Gnus sicher waren, dass sie richtig gesehen hatten, entfernten sie sich wieder leise.

Zurück bei ihrer Herde, erzählten sie den anderen Gnus begeistert von dem seltsamen rot gestreiften Zebra, seiner Freundschaft mit dem Löwen und seinem außergewöhnlichen Mut.

Die Geschichte eilte durch die gesamte Savanne, die Tiere erzählten sie immer weiter, bis sie schließlich die Zebraherde erreichte, in der das rotgestreifte Zebra einst gelebt hatte.

„Das ist mein Sohn!", rief die Zebra-Mutter aufgeregt, als sie die Geschichte hörte. „Er lebt! Ich hatte solche Angst, dass ihn die Löwen gefressen haben. Und nun haben die Löwen sogar vor ihm Angst! Seht ihr, es ist doch nicht schlimm, dass er anders ist. Ich wünschte nur, er wäre wieder hier, er fehlt mir so sehr", schluchzte sie und eine Träne kullerte ihre schwarz-weiß gestreifte Wange herab. Die anderen Zebras redeten aufgeregt durcheinander, eine ganze Weile ging es ziemlich laut hin und her. Die Mutter des kleinen Zebras jedoch hörte gar nicht zu.

Sie war einfach nur glücklich zu wissen, dass es ihrem Kind gut ging.

Plötzlich standen die drei Zebra-Tanten, die damals von ihr verlangt hatten, ihr Kind zu verstoßen, vor ihr.

„Es tut uns so leid," sagte die Älteste von ihnen, „wir haben doch nur das Beste für die Herde gewollt. Du musst das doch verstehen."

„Ja, und wenn du willst, kann dein Sohn ja auch zur Herde zurück kommen", fügte die andere hinzu.

Die Zebra-Mutter sah sie lange an und sagte: „Ihr hofft ja nur, dass sich keine Löwen mehr an unsere Herde trauen, wenn er bei uns ist. Es geht euch gar nicht um meinen Schmerz wegen meines Sohnes, sondern wie meistens nur um euer Wohl.

Aber das ist mir egal, wenn ich so wieder zu meinem Kind komme."

Und so kam es, dass sich die gesamte Herde auf
den Weg zu dem rotgestreiften Zebra machte, allen
voran seine Mutter, der es gar nicht schnell genug
gehen konnte.

Nach etlichen Tagen erreichten sie die Stelle, die
ihnen die anderen Tiere beschrieben hatten.
Und tatsächlich: Dort stand ein Zebra mit roten
Streifen und knabberte am Gras und ein Stückchen
weiter lag dösend ein alter Löwe in der Sonne.
Dieser hob den Kopf, als sich die Zebras vorsichtig
näherten, seine feine Nase hatte sofort ihre Witte-
rung aufgenommen.

Auch der Zebra-Junge blickte auf. „Nanu", dachte er, „eine Zebraherde. Was wollen die denn hier,
sonst machen doch alle einen großen Bogen um
uns?"

Erstaunt beobachtete er, wie sich ein einzelnes Tier
aus der Gruppe löste und auf ihn zu kam.
Aufgeregt versuchte er, mehr zu erkennen.

Das würde doch nicht etwa … doch, das war ja seine Mutter.

Jetzt konnte ihn nichts mehr halten, mit großen Sprüngen rannte er auf sie zu.

Liebevoll rieben sie ihre Hälse aneinander, stupsten sich mit ihren Lippen an, während ihnen vor Freude Tränen über die Wangen liefen.

„Mutter", sagte der Zebra-Junge, „ich bin ja so glücklich, dich zu sehen. Ich habe so oft an dich gedacht."

„Ja", antwortete seine Mutter, „ich auch an dich. Ich konnte es gar nicht glauben, dass du einfach weggelaufen bist, anstatt mit mir zu reden. Ich habe mir solche Sorgen gemacht."

„Du hast mir nie eine richtige Antwort gegeben, wenn ich dich gefragt habe", sagte das Zebra-Kind vorwurfsvoll.

„Du hast recht, wir haben beide unsere Fehler gemacht. Aber jetzt soll es besser werden. Komm doch bitte wieder mit zu unserer Herde, wir möchten es alle gern."

47

Das rot gestreifte Zebra sah seine Mutter zweifelnd an.

„Alle? Auch die anderen oder nur du?"

„Nein, auch die anderen. Sie bereuen, dass sie so schlecht zu dir waren."

Da sprang das Zebra vor Freude in die Luft und rannte übermütig hin und her. Doch plötzlich blieb es stehen und schaute seine Mutter an.

„Mutter, es tut mir leid, aber ich kann nicht mit euch kommen."

„Warum denn nicht, jetzt ist doch alles wieder gut?"

Seine Mutter sah ihn mit großen Augen entsetzt an.

„Ich kann meinen Freund, den alten Löwen, doch nicht allein lassen, er braucht mich. Es tut mir leid, Mutter", sagte das rotgestreifte Zebra.

Es drehte sich um und ging zurück zu dem Löwen. Dieser lag im Gras und hatte alles aufmerksam beobachtet.

Die Zebra-Mutter sah ihrem Sohn hinterher und lief dann langsam zu den anderen Zebras zurück.

„Was ist, warum kommt er nicht?", riefen diese erstaunt.

„Mein Sohn ist ein gutes und tapferes Zebra, er kommt nicht mit, weil er seinen Freund, den Löwen nicht allein lassen möchte. Da gibt es nur eine Lösung, wir müssen auch den alten Löwen in unsere Herde aufnehmen."

Die Zebras schrien aufgeregt durcheinander: „Bist du verrückt? Er wird uns fressen, das geht nicht. Nein! Niemals!"

„Dann wird mein Sohn auch nicht wieder zur Herde zurückkehren", sagte die Mutter traurig und wandte sich ab.

Sie blickte in die Richtung, in der ihr Junge neben dem Löwen stand. Die beiden schienen sich zu streiten, das Zebra schüttelte immer wieder den Kopf und der Löwe redete auf ihn ein und zeigte dabei erneut auf die Zebraherde.

Die Mutter dachte für sich: „Ja, der Löwe ist wirklich sein Freund. Er möchte, dass er zu uns kommt, obwohl der Löwe dann wieder alleine wäre. Das ist wahre Freundschaft, er denkt nicht nur an sich selbst."

Die anderen Tiere schienen das auch beobachtet zu haben. Mittlerweile gab es sogar schon ein, zwei andere Zebras, die meinten, dass es doch gut wäre, den Löwen in der Herde zu haben.

Kein einziges Raubtier würde ihnen noch gefährlich werden, im Schutze des rotgestreiften Zebras und seines Freundes, des Löwen.

„Nein, nein", riefen die anderen, „wir haben Angst vor dem Löwen, er wird unsere Kinder fressen."
So ging es zwei Tage lang hin und her, die Zebras stritten sich ohne Ende.

Der alte Löwe und sein Freund, das rot gestreifte Zebra jedoch verbrachten ihre Zeit wie immer, ohne sich um die aufgeregte Zebraherde zu kümmern.

Dann wurde das Streiten der Tiere immer leiser, bis nur noch eine Stimme zu hören war:
„Also, jetzt überlegt noch einmal genau und dann stimmen wir ab, was wir machen. Wer dafür ist, dass der Löwe in die Herde darf, tritt auf die rechte Seite, die anderen gehen nach links."

Es war die alte Zebra-Tante, die so sprach und dann machte sie einige große Schritte nach rechts.

Es entstand ein kurzes Durcheinander, weil jeder schaute, wohin der andere ging und selbst hin und her tapste. Zum Schluss standen alle bis auf ein Zebra auf der rechten Seite.

Das schaute sich um, sah, dass es als Einziges links stand und brummte: „Na, meinetwegen, aber sagt dann nicht, ich hätte euch nicht gewarnt." Mit diesen Worten ging es zu den anderen Zebras auf der rechten Seite.

Somit war entschieden, der Löwe durfte mit zu der Zebraherde.

Die Mutter des rotgestreiften Zebras und drei andere Tiere bildeten eine Abordnung und gingen zu dem Zebra-Jungen und dem alten Löwen.

„Alter Löwe, du bist der Freund von dem rotgestreiften Zebra, deshalb wollen wir dich bitten, mit unserer Herde zu ziehen. Du sollst auch unser Freund sein. Aber du musst versprechen, dass du nicht unsere Kinder frisst."

Der Löwe wischte sich ganz verlegen mit seiner Pranke über die Schnauze.

„Ach, meint ihr wirklich? Ich weiß gar nicht, was ich dazu sagen soll. Ich habe das rotgestreifte Zebra so lieb gewonnen, es wäre schön, wenn wir zusammen bleiben könnten. Natürlich werde ich eure Kinder nicht fressen, niemals, das verspreche ich euch."

Da war die Freude groß, der Zebra-Junge sprang hin und her, schlug vor Übermut mit seinen Hinterbeinen aus und tollte durch das hohe Gras der Savanne, dass seine roten Streifen nur so in der Sonne blitzten. Endlich war er glücklich, jetzt hatte er alles, was er sich gewünscht hatte. Seine Mutter, einen guten Freund und seine Herde.

Überall in der Savanne sprachen die Tiere mit Ehrfurcht und Respekt von der Zebraherde mit dem rotgestreiften Zebra und dem alten Löwen, um die alle Raubtiere trotz ihres Hungers lieber einen Bogen machten.

So kam es, dass das Zebra lange, lange Zeit in Glück und Freude mit seiner Herde lebte.

Und vielleicht, wenn man ganz genau hinsieht, kann man auch heute noch irgendwo in der weiten Savanne kleine rot gestreifte Zebras entdecken.

Haike Espenhain

Die Ritter von Steinreich

Abenteuer am Bärenfelsen

ISBN 978-3-7357-0932-5

Altersempfehlung: 5 - 10 Jahre

Heinrich hat es satt.

Sein Vater ist spurlos verschwunden,

seine Stiefmutter nörgelt ständig an ihm herum und nun macht ihm auch noch der neue Knappe das Leben schwer. Unerwartet wendet sich alles zum Guten: Sein Freund Johann wird sein Knappe. Schon wartet die erste Herausforderung auf sie. Bei den Bewohnern des Burgberges verschwinden auf geheimnisvolle Weise Hühner, ein Bauer behauptet einen Drachen gesehen zu haben. Heinrich und sein Knappe begeben sich auf die Suche nach dem gefährlichen Wesen. Doch dann trauen sie ihren Augen nicht. Vor ihnen steht ein himmelblauer Drache und kocht Himbeermarmelade. Sollen sie wirklich gegen einen Drachen kämpfen, der entsetzlich darunter leidet, dass er nicht fliegen kann?

Nicht nur für Heinrich und Johann beginnt einen neue, abenteuerliche Zeit.....

Erscheint im Oktober 2020

Haike Espenhain

im Doppelband:

Der bunte Käfer

Schnüffelchens Abenteuer

aus der Reihe „Lesen mit Paula"

ISBN 978-3-7519-9845-1

Altersempfehlung: 3 - 6 Jahre

Der bunte Käfer erzählt von Fridolin, dem Marienkäfer. Er hat rote Flügel mit schwarzen Punkten, die er wunderschön findet. Doch seine Freunde sind anderer Meinung. Zum Glück hatte er letztens eine Blumenfee aus großer Not befreit. Diese versprach ihm als Dank die Erfüllung einiger Wünsche. So wünscht er sich grüne Flügel. Doch welch eine Enttäuschung. Statt begeistert zu sein, lachen seine Freunde ihn aus.
Ob die Blumenfee wieder helfen kann? Schließlich hat sie ihm vorher nicht sagen können, wie oft er sich etwas wünschen darf ...

In **Schnüffelchens Abenteuer** lernen wir Robert kennen, den kleinen Maulwurf, den alle nur Schnüffelchen nennen. Er lebt mit seiner Familie in dem weitverzweigten unterirdischen, dunklen Bau der Maulwurfsfamilie. Doch er hat einen großen Wunsch. Er möchte die helle und bunte Welt oben auf der Wiese kennenlernen. Eines Tages nutzt er die Gelegenheit, verlässt den Bau und läuft weg. Ob das gut gehen kann?